AF462286

COURS
PRATIQUE ET PROGRESSIF
DE
LECTURE ÉLÉMENTAIRE,

OU

Nouvelle Méthode pour apprendre à lire le français aux enfans et aux étrangers, par des procédés *qui épargnent beaucoup de peine aux Maîtres, et aplanissent toutes les difficultés pour les Élèves ;*

Par D. A. F. COURTOIS.

PREMIÈRE CLASSE.

Connaissance *successive* des lettres simples ; formation *graduée* des syllabes ; lecture de mots, phrases et discours, formés par des syllabes *de deux lettres seulement, et à mesure de la connaissance progressive des lettres ;* élision de l'*e* muet final suivi d'une voyelle ; lecture courante des syllabes apprises.

PARIS,

A LA LIBRAIRIE D'ÉDUCATION
D'Alexis EYMERY, rue Mazarine, n°. 30.

1816.

AVIS.

Cette méthode est très-simple.

On prévient brièvement l'enfant que les petites lettres ne comptent pas, et on les lui fait passer sans les dire; son œil s'accoutumera ainsi à les voir, mais à les voir sans les prononcer. Toutes les autres lettres se *nomment*, et se *nomment* constamment de la manière qu'on les a une fois apprises.

Les lettres marquées des mêmes *signes* ont la même valeur, et se *prononcent* absolument de même. L'*y*, par exemple, surmonté d'un point *se prononce* tout simplement *i* : il y a deux sortes d'*i*, et voilà tout; ainsi des autres lettres marquées des mêmes signes.

On fera très-bien de nommer les consonnes *pe*, *be*, *me*, *ne*, *fe*, ainsi que cela se pratique dans toutes les bonnes écoles, et comme on l'a indiqué par un petit *e* muet, en faveur des maîtres qui n'ont point encore cette habitude.

L'*e* sans accent est toujours muet; et pourra être toujours considéré comme nul, lors même qu'il sera arrivé à la hauteur des autres lettres; car *pape* se prononce comme *pap*. L'*e* avec l'accent perpendiculaire est moyen. *h* sans point est absolument nul, et on le passe sans le *prononcer* en aucune manière. *h* avec deux points au dessous est *aspiré*; on le nomme *he*, et on le fait un peu sentir dans les syllabes où il se trouve, mais on insiste peu là-dessus. *l* avec un point au-dessous est *mouillé*, et se *nomme* comme à la fin du mot *solei-l*. On appuie un peu sur les voyelles marquées de l'accent circonflexe.

Dans le premier syllabaire, on *nomme* tout simplement l'une après l'autre les deux lettres de chaque syllabe, mais sans épeler; puis on les *nomme* toutes deux en un seul temps quand elles sont réunies, en cette manière : *a---p*, *a--p*, *a-p*, *ap*. C'est ainsi qu'on amène insensiblement l'enfant à voir et à *nommer* lui-même deux lettres à la fois, ce qui fait la syllabe. Partout ailleurs, on prononce les syllabes toutes formées, c'est-à-dire sans épeler; l'enfant en sait alors assez pour comprendre la composition de la syllabe en voyant les deux lettres.

On raisonne peu avec lui : mais *on lui lit toujours deux ou trois fois chaque ligne avant de la lui faire répéter*, puis on lui lit des phrases. C'est ainsi qu'il acquiert promptement et sans peine une pratique sûre, qui vaut mieux que toutes les règles.

Persuadons-nous bien au surplus, et cette réflexion est essentielle, persuadons-nous bien que l'enfant, qui n'a encore aucune idée de lecture, ne pourra être surpris de rien; or les signes disparaîtront peu à peu, et toutes les lettres viendront insensiblement de niveau sans même qu'il s'en aperçoive.

On a suivi pour le classement des consonnes, l'ordre indiqué par la facilité de leur prononciation.

(*Voyez l'avis en tête des autres Classes.*)

AUX ENFANS.

ENFANS, qui ne pouvez encore ni me lire ni m'entendre; êtres faibles et intéressans; douce et frêle espérance des familles, c'est à vous que j'ai consacré quelques mois de loisir et c'est à vous que je dédie mon livre. Manié par une main plus habile et plus exercée, il eût pu d'abord paraître avec moins d'imperfections, et vous être mieux adapté; mais l'homme qui se sent des forces s'attache de préférence à ce qui procure de l'éclat et de la gloire; l'homme ordinaire doit borner son ambition et ses efforts à ce qui n'est qu'utile, et s'estimer suffisamment heureux s'il peut en quelque sorte approcher de son but.

Voici quel a été le mien : j'ai voulu vous épargner bien des angoisses et bien des larmes, en guidant vos pas dans le vestibule des sciences par une rampe douce et insensible; c'est une route nouvelle que j'ai essayé de vous frayer; plus longue en apparence, mais en réalité plus courte que les autres; j'ai fait ce qui a dépendu de moi pour en élaguer les ronces et les épines : que n'ai-je eu le talent d'y semer du gazon et des fleurs!

Un autre but qui ne paraît que secondaire, mais auquel j'attacherais encore plus d'importance, c'eût été de diriger vos premières idées vers ce qui est bon, utile et honnête, et de vous conduire au bonheur par le chemin de la sagesse; cette double tâche m'a doublement fait sentir toute la faiblesse et toute l'insuffisance de mes moyens.

Cependant, avec le temps et par les conseils de vos maîtres, ce petit ouvrage pourra devenir moins indigne de son objet; et alors s'il est vrai, comme l'ont observé des hommes qu'il faut en croire, s'il est vrai que l'introduction dans la première science, au moyen d'une méthode graduée, qui procède par des règles et des principes sûrs, développe le jugement et le rend plus solide; s'il est vrai encore que les premières impressions de l'enfance influent sur le reste de la vie, il ne serait pas impossible que vous dussiez à vos premières lectures quelques germes des talens et des vertus qui feront un jour la gloire et le bonheur de la patrie. Dans ce cas, l'auteur emporterait la satisfaction d'avoir marqué par un peu de bien l'obscure carrière de sa vie.

Je me suis réservé cette page tout exprès pour faire connaître que j'ai trouvé chez M. Lyon, fondeur, rue St.-Jacques, n°. 103, toutes les facilités dont j'avais grand besoin pour la fonte de mes caractères. Cet estimable et laborieux artiste s'est prêté, ainsi que ses enfans, à toutes mes fantaisies, avec une complaisance rare. Le fils aîné surtout, qui s'est plus particulièrement chargé de mon affaire, y a déployé beaucoup d'adresse et d'intelligence; et c'est bien certainement à son zèle, à sa patience et quelquefois à ses conseils, que j'ai l'obligation d'avoir pu terminer ce petit ouvrage; car je lui ai fait faire bien des essais avant de me fixer. Je lui en témoigne ici toute ma satisfaction et ma reconnaissance.

On verra que les mêmes soins ont été donnés à la composition typographique, qui n'a pas laissé de présenter bien des difficultés.

C'est maintenant aux maîtres qu'il appartient de juger l'ouvrage : comme ils sont plus que personne à même d'apprécier toutes les bizarreries, et par conséquent toutes les difficultés que présente la lecture française, ils seront par cela même en état d'apercevoir l'avantage qu'ils peuvent retirer d'une méthode, où les élémens de cette lecture sont ramenés à des principes aussi simples que sûrs, et à une marche progressive aussi régulière.

Encore une fois, qu'ils ne soient pas choqués des innovations : ils y seront bientôt accoutumés. D'ailleurs ce n'est pas pour eux qu'elles ont été faites, mais seulement pour leurs élèves. Or, si les enfans ont déjà un peu commencé à lire dans un autre livre, ils s'estimeront très-heureux d'en avoir un entre les mains, qui fixe toutes leurs incertitudes; et s'ils ne connaissent point encore de livres, ils ne seront choqués de rien.

Ce petit ouvrage pourra être réduit, et mis en tableaux à l'usage des nouvelles écoles.

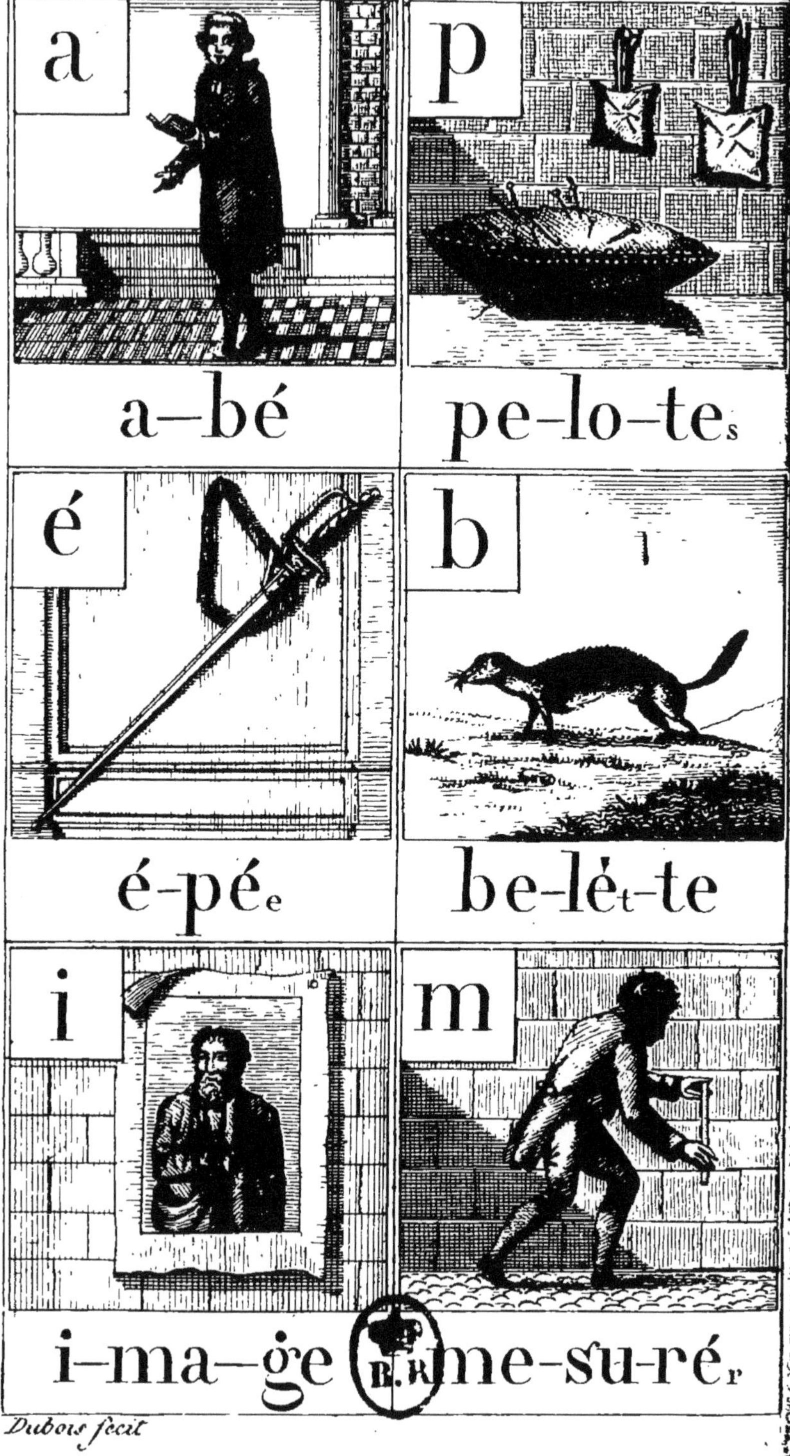

Dubois fecit

COURS PRATIQUE
DE LECTURE ÉLÉMENTAIRE.

PREMIÈRE CLASSE.

a é i o u.

u o y é a.

â ê î ô û.

---

a–â! é–é! ô!

o–é, o–é, ô!

a–î, a–î, û!

u–ô, u–ô, û!

me m.

am ém èm im om um.
me ma mé mi mo mu.

---

a-mi, â-me, mu-é, o-mis,
ma-ma, mi-mi, ma-mîe,
po-me, pâ-mé, més bâs,
m'a mis, a-bÿ-mé.

ma pîe a mu-é.
bi-bi me mét més bâs.
mi-mi a-mîe à ma-ma.
po-me â-pi à mi-mi.
ma-mîe bi-bi m'a mis à bâs.
mi-mi a a-bÿ-mé més bâs.

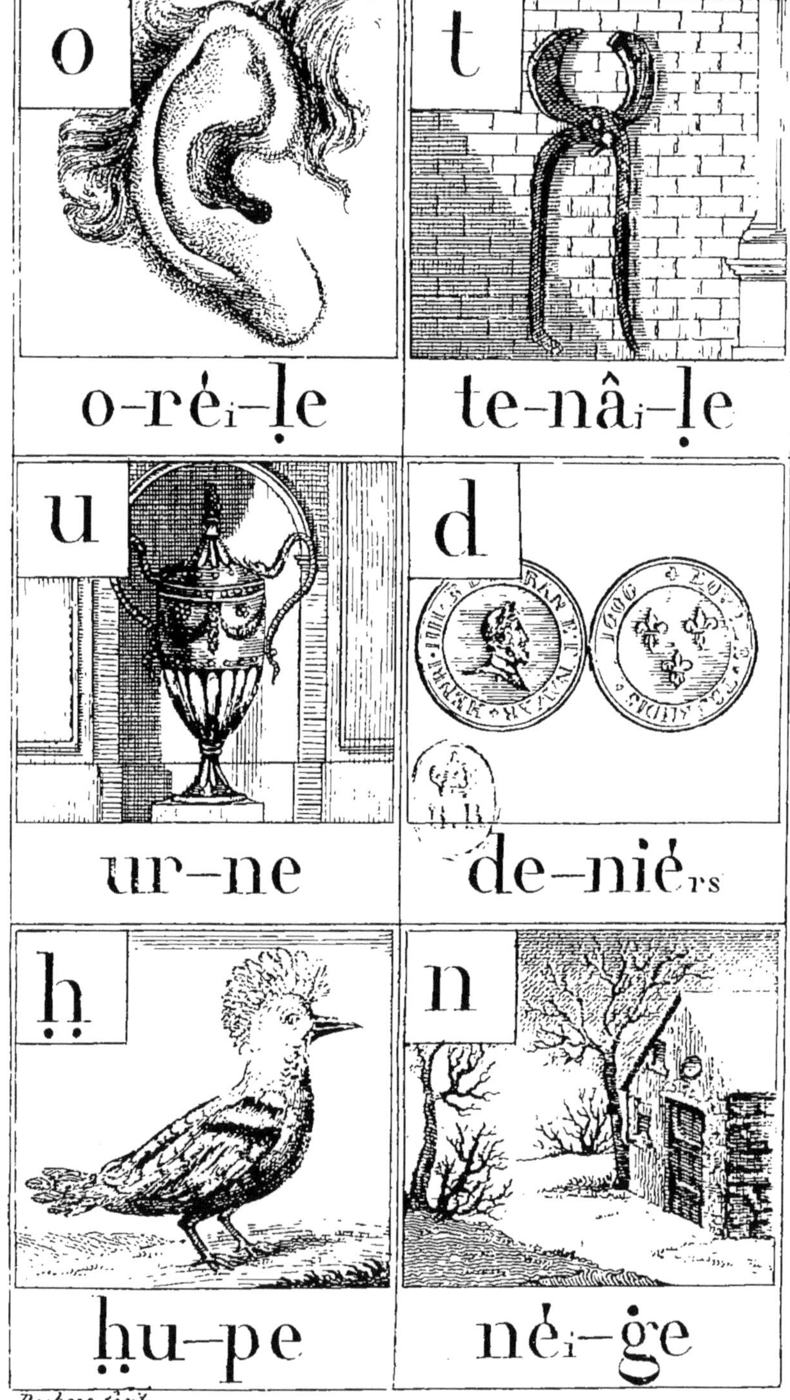

Dubois fecit

te t.

at ėt èt it ot ut.

te ta té tẏ to tu.

ô-té, ô-ta, tu-é, é-té,
to–bîe, tê–te, té–tu,
to–tot, pâ–té, ta–pé,
tâ-té, ti-ti, pe–tit, ba-tu,
bo-té, tu âs, tô-me.

a-tô-me, pa-ta-te, a-pé-tit, a tu-é, i-mi-téz, pi-é-té, po-è-te, pe–ti–te, é-tê-té, é-pi-tô-me.

to-bîe m'a ô-té ma po-me, ėt to–bîe a é–té ba–tu.

ti–ti, to–tot t'a ô–té tés bo-tes; to-tot tu és té–tu.

to–tot a bo–bô à tê–te, pe–ti–te po–me à to–tot.

tâ-téz, tâ-téz, té-té a bo-bô à pa–te, ô pô... pe–ti–te bê–te !

ti-ti a ap–pé-tit, pe–tit pâ–té ėt pe–ti–te pa-ta–te à ti-ti.

to–tot a o–bé–i à pa-pa, ėt pa–pa ést a–mi à to–tot, i-mi-téz to–tot.

de d.

ad ėd èd id od ud.
de da dé dẏ do du.

---

da-da, do-du, do-dô,
a dit, du-pé, mi-di,
dé-pit, de-mi, da-me,
mo-de, dô-me, bi-dét.

é-tu-de, mé-di-téz,
dé-bu-ta, a-mé-dée, dé-
pu-té, ma-da-me, dé-
pi-té, di-a-dếme, é-tu-
di-éz, di-o-mė-de.

pe-tit da-da, pe-tît bi-dėt.

a–mé–dée a mé–dit de do–dot, ėt a-mé-dée a eu dés ta–pes.

do-dot, a-mé-dée ėst té-tu; a-mé-dée a tu-é ta pîe de dé–pit.

a-mé-dée, tu âs tu-é ma pîe ! tu âs pu tu-ér ma pîe! ô a–mé–dée! ėt tu ės, dis–tu, a–mi de do–dot.

é–tu–di–éz, mé–di–téz; i–mi–téz di-o-mė-de; di-o-mė-de a é-tu-di-é, ėt a eu du pâ-té à mi-di.

h. ḥe ḥ.

ha hé hè hi ho hu.

ḥa ḥé ḥè ḥi ḥo ḥu.

---

ha-bit, hé-bé, hô-te, ho-me, hu-mi-de, hé-bê-té, é-ba-hi, ha-bi-tu-é, ha-bi-tu-de, bo-hê-me, ma-ho-mét.

ḥu-ér, ḥu-pe, ḥo-te, ḥa-pér, ḥa-ï, ḥu-mér, ḥa-pé, ḥu-ée, ḥu-te, ḥu-mér, ḥu-pé.

ne n.

an én èn in on un
ne na né ni no nu.

â-ne, na-pe, mi-nèt, u-ni, ni-pé, pèi-ne, di-né, pu-ni, de-nis, ni-na, un â, un é, un î.

mi-nè-te, na-nè-te, é-pi-ne, pa-na-de, ba-di-né, ma-ti-née, ni-nè-te, na-ni-ne, a-mé-ni-té, ho-nê-te-té.

on an a, on an ést, on an ÿ mét, on an ô-te, on an eut; di-tes de mê-me : on en a, on en ést, on en ÿ mét, on en ô-te, on en eut.

on a di-né à mi-di.

u-ne hu-pe ést hu-pée.

na-né-te a hu-mé u-ne bo-ne pa-na-de à di-né.

oh! te-néz, te-néz mi-nét; mi-nét m'a ha-pé ma hu-pe.

ma pe-ti-te ni-na ést bo-ne; ne do-néz pâs dés ta-pes à ma pe-ti-te ni-na.

na–né–te a u–ne bo–ne ha–bi–tu–de d'é–tu–di–ér. na-né-te é-tu-dîe u-ne bo-ne ma-ti-née.

ne pa-ti-néz pâs, ne ma-ni–éz pâs, ne tâ-to-néz pâs mi-nét; mi-nét a u-ne é-pi-ne, ét ne ba–di–ne pâs.

ti-ti–ne a é-té ho–nê-te, ét à di-né on a do–né à ti-ti–ne un a–na–nâs; on en eut do–né de mê–me à hé-bé; hé–bé n'a pâs é–té ho-nê–te, a é–té pu–nîe, ét n'a pâs di–né.

Dubois fecit

le l.

al él èl il ol ul.
le la lé li lo lu.

---

il lit, li-lâs, po-li, mâ-le, le lit, no-él, pâ-le, pi-lé, pê-le, mê-lé, lu-ne, la lîe, la-me, pe-lé.

é-mi-le, pi-lu-le, lo-lo-te, ma-la-dîe, a-mé-lîe, mé-la-nîe, li-no-te, il a lu, ma-de-lèi-ne, é-ma-nu-él, a-dé-la-ï-de.

ḷe ḷ.

aiḷ éiḷ èiḷ iḷ oiḷ uiḷ.
ḷe ḷa ḷé ḷi ḷo ḷu.

---

mi-ḷėt, bâi-ḷér, tai-ḷa, pâi-ḷe, un aiḷ, mai-ḷot, bi-ḷot, ti-ḷé, bi-ḷe, bi-ḷėt, bai-ḷy, pi-ḷé, mai-ḷėt.

ba-bi-ḷa, a-bėi-ḷe, te-nâi-ḷes, ba-tâi-ḷe, é-mai-ḷé, pai-ḷė-te, te-nâi-ḷér, ha-bi-ḷé, pa-pi-ḷo-tes, pa-pi-ḷo-nér.

é-mi-le a lu ét a eu u-ne bé-le li-no-te mâ-le : a-na-tô-le n'a pâs lu, ét a-na-tô-le n'a pâs de li-no-te.

li-li-de a lu de mê-me, ét li-li-de a eu un ha-bit é-mai-ḷé de pai-ḷé-tes : é-mi-lîe n'a pâs lu, é-mi-lîe n'a pâs d'ha-bit é-mai-ḷé.

lés li-lâs de li-li-de pu-lu-lent ; li-li-de ést al-lée lés tâi-ḷér, ét en a do-né à lo-lo-te ét à é-mi-le : é-mi-le a do-né à li-li-de u-ne bé-le pe-lo-te de mâi-ḷes.

a-mé-lîe ėst u-ne ta-ti-ḷo-ne; ėl-le a mis dés pa-pi-ḷo-tes pê-le-mê-le à la tê-te de la pe-ti-te lo-lo-te, ėl-le l'a ha-bi-ḷée. lo-lo-te ėst ma-la-de, a-mé-lîe n'eut pâs du l'ô-tér du lit.

l'é-tu-de ėst u-ti-le, l'é-tu-de mé-ne à l'ha-bi-le-té; no-ėl ba-bi-ḷe, ba-bi-ḷe, ėt ne lit pâs. no-ėl ėst-il à mê-me de mé-di-tér l'u-ti-li-té de l'é-tu-de? mé-la-nîe a-dé-la-ï-de ėt ma-de-lèi-ne n'i-mi-tent pâs no-ėl.

rₑ r.

ar ėr èr ir or ur.

re ra ré rẏ ro ru,

---

ar–mé, hi–ėr, ré–né,

or–né, râ–re, re–mẏ,

ma–rîₑ, ri–ra, ro–me,

pa–riₛ, pė–re, mė–re.

mé-ri-te, ir-ri-té, râ-re-té, râᵢ-ḷe-rîₑ, pa-rû-re, pa-ra-diₛ, pé-ri-ra, ho–no–ri–ne, é–lé–o–nô–re, pu-é-ri-le.

ho-no-ri-ne ėst pa-rée, pa-rée ! u-ne rèi-ne n'a pâs de pa-rû-re pa-rèi-le ; ma-rîe a u-ne ro-be de bû-re râ-pée, ėt ma-rîe en ėst or-née. le mé-ri-te ėst la pa-rû-re de ma-rîe.

il n'y a pâs de pa-ra-lè-le d'é-lé-o-nô-re à re-my ; é-lé-o-nô-re a lu ėt re-lu hi-ėr, re-my a ri ėt n'a pu lî-re ; le pè-re de re-my en ėst ir-ri-té ; il le pu-ni-ra, ėt re-my ne ri-ra pâs.

fe f.

af éf èf if of uf.

fe fa fé fÿ fo fu.

ėf-fėt, fu-rîe, re-fus, fu-rėt, fo-rêt, fa-né, fa-nẏ, fu-mée, bu-fėt, fo-lîe, fi-ni, fi-lėt, fê-te, fi-fi.

af-fa-mé, fa-mi-ḷe, fi-nė-te, ėf-fa-ré, fa-ri-ne, fu-ti-le, fa-mi-ne, fé-ré-o-le, fa-ri-bo-le, ėf-fé-mi-né.

Ve V.

ve va vé vi vo vu.

è–ve, vi–véz, fê–ve, il va, rê-vé, la vîe, ve-nu, vèi–ne, pa–vot, le–vé, véi-ḷe, vi–ve, pi–vot, dé–vot, vo–lér, la–vé.

ra–vi–vé, fa–vo–ri, dé–vo–rér, va-lè-re, vi-vo–tér, va–ri–é–té, di-vi–ni–té, vi–vi–fi–é, fè-ve–ro–le, a–vi–di–té.

le pa-vot de fa-nẏ ėst fa-né : fa-nẏ n'ÿ a pâs vėi-ḷé, ėl-le n'a pu le ra-vi-vér.

é-vi-téz la vîe ėf-fé-mi-née ėt fu-ti-le ; le rê-ve de la vîe fi-nit vi-te ; l'ė-fėt le vé-ri-fi-ra. la vîe fu-tû-re ne fi-ni-ra pâs.

la va-ni-té ėst de la fu-mée : è-ve eut de la va-ni-té, ėl-le n'o-bé-it pâs à la di-vi-ni-té ; è-ve fut pu-nîe : é-vi-téz la va-ni-té.

ré-vé-réz la di-vi-ni-té ; vôs pė-res ėt vôs mė-res la

vé-né-rent. la pi-é-té é-di-fie; u-ne pe-ti-te fi-ḷe dé-vo-te ėst la fa-vo-ri-te de la di-vi-ni-té.

fi-nė-te ėst u-ne pe-ti-te fi-ḷe é-va-po-rée ėt ėf-fa-rée; ėl-le n'ėst pâs dé-vo-te : fi-nė-te ėst vi-ve, é-vėi-ḷée ėt fu-tée; ėl-le dit dés fa-ri-bo-les ėt fe-ra dés fo-ḷîes.

fa-me, fa-me-lė-te, pe-ti-te fa-me. di-tes de mê-me : fem-me, fem-me-lė-te, pe-ti-te fem-me : u-ne pe-ti-te fem-me ėst vi-ve.

Çe Şe. ç ş ţ.

aş éş èş iş oş uş.
şe ça şé ţi ço çu.

---

aş-şéz, aş-şis, re-çu, i-çi, çés-şéz, şu-ça, çe-çi, à ça, şa-lé, şe-ma, un âş, çi-té, çî-re, pâs-şa, şâs-şé.

ėş-pa-çe, aş-tu-çe, çé-çi-le, ėş-pè-çe, fa-çé-ţîe, mi-nu-ţie, i-ni-ţi-al, şo-çi-é-té, i-ni-ţi-é, çé-çi-li-a, aş-şo-çi-é, né-çės-şi-té.

ma-li-çe, bas-şés-şe, aş-tu-çe; é-vi-téz çés vi-çes; çés vi-çes-là a-vi-lis-şent ėt şus-çi-tent dés sçè-nes.

ur-şu-le ne çės-şe de pâs-şér, de re-pâs-şér; ėl-le şâs-şe ėt res-şâs-şe çe-çi, çe-la, à şa-ţi-é-té; ur-şu-le ėst şi şot-te!

la şi-çi-le ėst u-ne î-le; mės-şi-ne ėst u-ne çi-té de şi-çi-le; lés fem-mes de şi-çi-le şe nom-ment şi-çi-li-ėn-nes.

çé-çi-le, la do-çi-le, çé-çi-le ne pâs-şe pâs şa vîe à

dés mi-nu-ţîes ėt à dî-re dés fa-çé-ţîes ; ėl-le şe fa-çon-ne ėt şe-ra lés dé-li-çes de şa şo-çi-é-té.

çẏ-ri-le ėş-pė-re ş'i-ni-ţi-ėr à la şo-çi-é-té de çé-çi-li-a; il la şo-li-çi-te : a-t-il aş-şéz de şo-çi-a-bi-li-té ? il n'ÿ ré-uş-şi-ra pâs ėt n'ÿ şe-ra pâs re-çu.

şo-la-nė-le, şo-la-ni-té; di-tes de mê-me : şo-len-nė-le, şo-len-ni-té; şo-lem-ṇė-lẹ, şo-lem-ni-té, u-ne fê-te şo-len-nė-le, la şo-lem-ṇi-té d'u-ne fê-te.

Ze Se. Z S.

az ès èz is oz us.
ze sa zé si zo su.

---

zé-lîe, rô-se, zè-le, vâ-se,
ru-sé, ro-sée, zé-ro, sèi-ze,
li-séz, o-sa, bâ-se, bi-sèt,
zo-é, bî-se, u-sé.

u-sû-re, zo-zi-me, ba-si-le, zi-za-nîe, is-ra-èl, to-pâ-ze, a-mu-sé, é-li-sa, mo-ï-se, ro-si-ne, é-lo-ï-se, dé-sa-bu-sé, a-ta-nâ-ze.

Dubois fecit

ad-mi-réz la lé-si-ne-rîe de li-sét-te : él-le a o-sé re-fu-sér dés çe-rî-ses à ro-si-ne ; ro-si-ne n'û-se-ra pâs de la mê-me lé-si-ne-rîe, ét ne re-fû-se-ra pâs à li-sét-te dés rô-ses de şés vâ-ses.

n'u-séz pâs de rû-se ; la rû-se ést op-po-sée à la vé-ri-té : on és-ti-me é-li-sa, é-li-sa n'ést pâs ru-sée ; a-ta-nâ-ze a u-sé de rû-se ; i-sa-bé-le, zo-é ét de-nî-se şe mé-fient d'a-ta-nâ-se.

le zé-le ést la bâ-se de

l'é-tu-de ; é-lo-ï-se ėt zé-lîe le şa-vent : ėl-les ri-va-lî-sent de zė-le, ėl-les lî-sent ėt re-lî-sent; pa-pa a don-né u-ne to-pâ-ze à é-lo-ï-se, ėt il a don-né à zé-lîe sèi-ze vâ-ses de rô-ses.

ba-si-le a o-sé mé-dî-re de zé-mî-re ėt de ro-sa-lîe; il lés di-vî-se ėt lés dé-su-nit, il şė-me la zi-za-nîe, il en ėst le zo-ï-le : ç'ėst-là de la bê-tî-se. şi ba-si-le eut été çi-vi-li-sé, il n'eut pâs dit de pa-rėil-les şot-tî-ses.

ġe je. ġ j.

ġe ja ġé ġi jo ju.

â-ġe, ju-ġe, jé-ſus, ju-ġea, ju-lîe, jo-li, pa-ġe, ġi-lėt, nėi-ġe, ġe-lée, dé-jà, ro-ġér, ġé-mi, ġi-les, na-ġea, â-ġé, jea-not.

vi-ſa-ġe, je ju-ġe, jé-rô-me, ṣa-ġės-ṣe, i-ma-ġe, ju-ju-be, jea-nė-te, o-ri-ġi-ne, lé-ġé-re-té, i-ma-ġi-nér, ġé-né-ro-ſi-té.

ro-gér a été ma-ni-ér de la nėi-ġe ; il en a je-té a eu-ġé-ne. çe-la n'ėst ni şa-ġe, ni jo-li, eu-ġė-ne en a eu le vi-sa-ġe ġe-lé.

é-ġé-rîe a do-né à ju-lîe u-ne jo-lîe i-ma-ġe du pe-tit jé-sus ; ju-lîe a eu de la ġé-né-ro-si-té ėt a do-né à é-ġé-rîe şés pe-tits pi-ġeo-nėts.

le vi-sa-ġe de jea-nėt-te ėst jo-li ; ju-ġéz şi ėl-le ėst şa-ġe de ş'y fi-ér ; l'â-ġe fe-ra pâs-şér çe jo-li vi-sa-ġe ; la şa-ġės-şe ne pâs-şe pâs.

ġi-les ne ş'ėst pâs ġè-né, il a jâ-sé ėt ta-pa-ġé; il a mis de la lé-ġé-re-té à é-tu-di-ér; şi ġi-le eut é-té şa-ġe, il eut eu dés ju-ju-bes; oh ! ç'ėst jo-li dés ju-ju-bes. il y a dés ju-ju-bes en i-ta-lîe.

jé-rô-me ş'i-ma-ġi-ne lì-re la ġé-o-lo-ġîe ėt la zo-o-lo-ġîe de pa-pa; jé-rô-me ne li-ra pâs u-ne pa-ġe ėt şe-ra dé-jà ras-şa-si-é : ni la ġé-o-lo-ġîe, ni la zo-o-lo-ġîe n'ėst de l'â-ġe de jé-rô-me.

Ke Que. k q c.

ac ék èc ik oq uq.

ke ca ké qui co qu.

---

ac-çès, é-cu, ka-li, ka-di, què-tér, co-quèt, ja-cot, co-co, pa-quèt, pi-qué, ca-quèt, ki-lo, cu-ré.

é-co-le, co-co-te, u-kâ-se, co-mi-que, ca-ra-cô, ni-co-lâs, co-sa-que, ca-sa-que, ki-ri-è-le, co-que-li-cot, ca-ra-co-lér.

ki-lo, u-kâ-se, co-ni-que, cu-bi-que, ka-di, ca-du-que, al-ka-li : quė-le ki-ri-é-le co-mi-que de môts co-cas-şes !

ja-cot, le pėr-ro-quėt de co-co, ca-quė-te, ca-quė-te ; quėst-çe que çėt-te ca-quė-te-rie ? ne ca-que-téz pâs comme dés pėr-ro-quėts.

ca-ro-li-ne qui n'a pâs şu é-tu-di-ér şa mu-si-que ne fit que de la ca-co-fo-nîe ; ėt ca-ro-li-ne şe fit moquér ; ca-ro-li-ne en a eu de dé-pit un ac-çès de co-li-que.

u–nis–şéz vôs bu–co–li-ques, al-léz vi-te à l'é-co-le; commu-ni-quéz à ni-co-lâs, de mê-me qu'à vôs ca-ma-ra-des, çe que do-mi-ni-que a dit ; ç'ést d'é-vi-tér lés que-ré-les.

le ca-ra-cô de co-cot-te ėst co-que-li-cot ; co-cot-te şe-ra co-quė-te ; ėl-le şe qua-re, ėl-le ş'a-commo-de; la co-quė-te-rîe ne va pâs à u-ne fi-ḷḷe pu-di-que; i-mi-téz mo-ni-que ; mo-ni-que n'ėst pâs co-quė-te.

gue g.

ag ėg ѐg ẏg og ug.
gue ga gué gui go gu.

---

gâ-té, or-gue, g̈i-got, fi-gue, çi-gûe, gué-tér, ga-ġe, go-go, guê-pe, go-bé, ba-gue, gué-ri, guè-re.

a-ga-te, bi-ga-ré, a-ga-çe, go-guėt-te, ba-guėt-te, go-be-lėt, go-gâi-lle, ga-lėt-te, lé-gu-me, ma-la-ga, fi-gû-re, ba-ga-tė-le.

a-ga-pit n'é-pi-lo-gue pâs çe que di-sent şės pé-re ėt mė-re, il o-bé-it à la ba-guėt-te ; ç'ést là çe que le dé-ca-lo-gue or-don-ne.

la gui-tâ-re a eu la vo-gue; gui-ḷḷe-mi-ne ş'ést fa-ti-guée à la gam-me de la gui-tâ-re, ėt pa-pa l'a ré-ga-lée d'u-ne ba-gue d'a-ga-te.

la pi-é-té n'ést ni de la ca-go-te-rîe, ni de la bi-go-te-rîe : ga-é-ta-ne a de la pi-é-té, ėt ga-é-ta-ne n'ėst ni ca-go-te, ni bi-go-te.

u-ne guê-pe ést u-ne pe-ti-te bê-te qui vo-le. la guê-pe ést bi-gar-rée : gui-ḷḷe-mét-te li-ra l'a-po-lo-gue de l'a-béi-ḷḷe ét de la guê-pe. un a-po-lo-gue ést u-ne al-lé-go-rîe, u-ne mo-ra-li-té dé-gui-sée.

ḥi-ér hu-gues ét gui-ḷḷot fi-rent go-gâi-ḷḷes ; ils ṣe ré-ga-lé-rent de ma-la-ga à go-gô ; ils di-rent dés go-guét-tes, ṣe je-té-rent lés go-be-lèts, ét ṣe gâ-té-rent la fi-gûre ; la ba-gâ-re at-ti-ra le guét, ét ils fù-rent go-bés.

X X̧ X.

ke k·çe gze.

ėk·-çės : ėx-çės, ėx-çé-dé, ėx-çi-te, ėx-çi-té, ėx-çé-la, ėx-çé-lér, ėx-çės-şi-ve.

lu-k·çe : lu-·x̧e, ri-·x̧e, fi-·x̧é, ta-·x̧a, şė-·x̧e, vė-·x̧ér, ma-·x̧i-me, ėx̧-pi-é, ėx̧-cu-se, ėx̧-tâ-se, ėx̧-po-sa.

ė-gza : ė-xact, ė-xi-ġé, ė-xi-lé, ėx-ha-la, ė-xé-cu-té, ė-xa-ġė-re, ė-xa-mi-né, ėx-aş-pé-ré.

ro-ẋe-la-ne de ṣa-ẋe, qui a u-ne tê-te ėx-aṣ-pé-rée, a ėx-çi-ṭé dés ri-ẋes ėt a é-té vė-ẋée; ėl-le ṣ'y ėsṭ ėx-po-ṣée.

a-na-ẋi-mė-ne ėst ė-xact à ė-xé-cu-tér lés ma-ẋi-mes dés ṣa-ges; il ne lés ta-ẋe pâs de fo-lîe ė-xa-gé-rée, de pa-ra-do-ẋes.

ma-ẋi-me gé-né-ra-le: é-vi-téz un ėx-çès, un ėx-çès ėx-té-nûe, un ėx-çès de lu-ẋe ru-i-ne; le ṣė-ẋe (lés femmes) n'é-vi-te guè-re un ėx-çès de lu-ẋe.

eu-do-xe n'ė-xi-ġe pâs de ṣés ca-ma-ra-des çe qui ėx-çė-de l'é-qui-té ; ėl-le ne lés vė-xe pâs, ėl-le é-vi-te lés ri-xes, ėt n'ė-xa-mi-ne pâs çe qui ṣe pâs-ṣe. eu-do-xe n'ė-xa-gė-re pâs, ėl-le éx-cu-se.

a-na-xa-gô-re eut dés ma-xi-mes ṣa-ġes, ėt on ad-mi-ra a-na-xa-gô-re ; il en eut de mê-me d'ė-xa-ġé-rées, ėt on ė-xi-la a-na-xa-gô-re. ė-xi-lé, il ṣe fi-xa, ėt ne fut ni ėx-aṣ-pé-ré, ni ėx-al-té.

le pé-rét la mé-ro-bé-is.

u-na-béi-ḷést vi-vét é-véi-ḷée.

la pe-ti-ta-dé-lést ṣa-gét jo-lîe.

la pa-ro-lést na-tu-ré-là l'ome.

u-no-mo-nê-tét u-no-nè-tome.

li-ṡéz de mê-me :

le pére ét la mére obéis.

une abéiḷḷe ést vive ét éveiḷḷée.

la petite adéle ést ṣage ét jolîe.

la parole ést naturélle à l'homme.

un homme honnête, ét un honnète homme.

---

admiréz le ṣage émile; il étudîe, il lit, il honôre ṣés

pére ét mére, il ést hon nète ét po li, il a de la piété, il ést le modèle ét l'i do le de şés ca-ma ra des; quél le fé li çi té ést şi pû re ét şi şo li de que la fé-li çi té d'é mi le! il a i mi té la pe ti te mé la nîe.

la pe ti te mé la nîe ét la rôse.

al lé go rîe.

la pe ti te mé la nîe ad mi ra u ne rôse é le vée; çét te rôse pa rut şi jo lîe ét şi bél le, que mé la nîe dé si ra en or nér şa tê te. çe çi ne fut pâs fa çi le à éxé cu tér; la ti ge hé riş şée de mil le é pi nes la pi qua.

mélanîe ne şe rebuta pâs, élle arriva à la rôse, réūşşit à l'ôtér de şa tiġe, la mit à şa tête, ét şe fit comme ça une jolie parûre.

la rôse ç'ést la şaġéşşe, qui ést la parûre dés petites fiḷḷes; la tiġe ḥérişşée d'épines, ç'ést l'étude; l'étude méne à la şaġéşşe. çela ést dificile; on a de la pèine à ẏ arrivér. şi on ẏ mét du zèle, on ẏ arrive comme mélanîe ést arrivée à la rôse.

---

jule, qui ést fixe ét pôsé, ét qui a été éxact à étudiér,

ş'ést vu en état de lîre şix pa-ġes; jule a été admiré, fêté, careşşé, ét papa le mėnera şamedi à la comédîe dés marionnéttes. amédée qui ést évaporé, ét qui a pâşşé la matinée à ş'amusér, n'a pu lire dix şẏllabes; il en a aġi comme la çigale ét şera puni comme élle.

la çigale ét şa camarade.

apologue.

une çigale ést une petite bête qui vole, qui jâse ét qui babille.

une çigale ş'amusa l'été à jasér, caquetér, babillér. dés

que l'été fut passé èt que la nèige èt la gelée fûrent venûes, èlle périt de famine èt de misère. sa petite camarade ne fit pâs de même : èlle se bâtit l'été une jolie petite cabane ; èlle y réunit de la pâille, dés fétus, dés légumes ; èt dés que la nèige èt la gelée fûrent venûes, èlle s'y retira, y vécut, èt y eut sés petites comodités.

retenéz cétte moralité : l'été qui pâsse, c'èst l'âge ; la nèige èt la gelée qui arrivent, c'èst la vièillèsse.

aléxina, historiette.

un homme marié fut tué à la guerre. sa femme éxposée à la misère n'eut d'asile qu'une cabane de pâille; élle s'y réfugia ét y fut mére d'une jolie petite fille, qu'élle nomma aléxina. ce qui eut été le sujét de sa félicité, la désola. que fera-t-élle? qui assurera la vîe de sa petite aléxina? occupée de cétte dure nécéssité, élle reçut, la même matinée, la visite d'une dame, vétûe d'une robe satinée ornée de pailléttes, ét la tête parée de topâzes, d'opales ét de rubis.....

(La suite à la fin de la seconde classe.)

FIN DE LA PREMIÈRE CLASSE.

IMPRIMERIE DE FAIN, RUE DE RACINE, N°. 4.

www.ingramcontent.com/pod-product-compliance
Ingram Content Group UK Ltd.
Pitfield, Milton Keynes, MK11 3LW, UK
UKHW021016200726
13857UKWH00004B/1471